FRANCIS JAMMES

LE POÈTE ET L'INSPIRATION

ORNÉ ET GRAVÉ PAR
ARMAND COUSSENS

GOMÈS, ÉDITEUR, RUE RÉGALE
NIMES.

LE POÈTE ET L'INSPIRATION

FRANCIS JAMMES

LE POÈTE ET L'INSPIRATION

ORNÉ ET GRAVÉ PAR
ARMAND COUSSENS

GOMÈS, ÉDITEUR, RUE RÉGALE
NIMES.

LE POÈTE ET L'INSPIRATION

Le poète est ce pèlerin que Dieu envoie sur la terre pour qu'il y découvre des vestiges du Paradis perdu et du Ciel retrouvé.

Le poète est ce pauvre assis à midi sur le perron du vieux

jardin où le premier homme et la première femme furent si beaux. Il tient dans sa main sa sébile, et, son chien à ses pieds, il demande aux passants distraits, et à Dieu même, l'aumône de la beauté qui fut, qui est et qui sera.

Mais les passants ne daignent point jeter les yeux sur lui, ils ne voient pas la douleur de ce regard. La seule créature qui ait compassion en silence

est le chien immobile..... Mais
Dieu laisse choir dans la
sébile du pauvre poète l'azur
du ciel tout entier.

O Fra Angelico ! tu te saisis
alors de cet azur, tu l'exprimes
sur ta toile tel qu'il t'est donné
de l'apercevoir en cette heure
inspirée qui rejoint l'extase.

Et vous, mes frères, recevant
aussi la faveur de ce ciel qui
est tout entier à chacun, dans
votre main tendue, vous en

tissez votre tente, vous vous en
enveloppez comme les vierges
et comme les collines.

Et, tant est pure cette lueur
divine que vous revêtez, qu'elle
vous cache aux yeux des
profanes. Ainsi la campanule
d'Août, si blanche à force d'ê-
tre bleue, semble s'évanouir.

Et le poète naît, passe
et meurt comme la fleur des
champs qu'à peine on remar-
que.

Le poète est celui qui obser-
ve, à travers la haute grille du
parc, les couples fondus au
bleu de la nuit, et qui entend
la grêle invitation des mando-
lines. Il n'est pas convié à la
fête ; mais le volubilis blanc
des ténèbres franchit la grille,
se penche vers lui qui seul en
découvre tout le miel et toute
la chaude neige. Et, tandis que
les rumeurs amoureuses des
belles couvrent le chant du

rossignol, ce chant n'est perceptible qu'au poète dont le cœur s'emplit de la divine harmonie comme une source d'eau pure qui répond au chant de l'oiseau. Et j'entends Saint Jean de la Croix qui loue :

> *La nuit paisible,*
> *La musique silencieuse,*
> *La solitude harmonieuse,*
> *Le souper qui charme et qui accroît*
> *l'amour,*

*Le bouquet de roses en forme de
pomme de pin...
....L'aspiration du zéphyr,
Le chant de la douce Philomèle,
Le bois avec ses charmes
durant la nuit sereine,
Avec la flamme qui consume et ne
cause pas la douleur.*

Le poète est celui qui n'ayant
rien reçoit tout, qui renonce à
sa coupe grossière pour boire
à même le reflet frais du ciel,

l'étudiant que chantait, il y a
bien des siècles, dans un poème
ineffable, Tchu-Kouang-hi :

Quand le soleil couchant cesse
  d'éclairer la fenêtre du nord-
  ouest
Alors que le vent d'automne dépouille
  en sifflant les bambous
L'étudiant s'approche de la fenêtre
  méridionale,
Car ses yeux ne quittent guère son
  livre, et toujours il est attentif.

Il songe à l'antiquité, en voyant la
mousse et les grandes herbes ;
Il regarde, il écoute, il jouit profondément de son calme et de sa
solitude ;
Peut-être demanderez-vous ce qu'il
fait pour se procurer du moins
sa subsistance :
Il coupe du blé demi-sauvage dans
les terrains abandonnés.

Le poète est celui qui, dans
la besogne fastidieuse et terre

à terre du comptable, dans la lassitude et l'amertume, dans la monotonie de la poussière bureaucratique, sous l'aiguillon d'un patron acerbe, découvre le profil lumineux d'une petite fille de cinq ans, et, sur la table de servitude, un morceau de pain pour l'enfant.

Le poète est celui qui, en le frappant de son bâton, fait jaillir du roc, dans le village altéré, l'eau qui s'avance à

pleins bords dans l'épais her-
bage. Et les usines naissent
avec leurs tulipes de feu, des
maisons ouvrières s'élèvent
avec de gais jardins et des
rumeurs d'enfants — parce que
le génie du poète a découvert
cette veine de cristal joyeux.

Cependant lui seul est seul,
lui seul est pauvre, lui seul
est magnifiquement dépouillé
comme cette eau nue où se
réfléchissent les cieux.

Le poète est celui qui, l'o-
reille pleine du silence que l'on
fait autour de lui, ou du bruit
de l'insulte, entend monter de
son cœur, comme d'un temple,
le chant des séraphins et la
voix de la sagesse.

Le poète est celui qui,
n'ayant point pressé entre ses
bras l'épouse victorieuse et
belle, se saisit de l'argile dont
nous sommes pétris et sculpte
la beauté.

Le poète est le jeune homme
que je vis un jour à Anvers, il
y a vingt-cinq ans, tout enve-
loppé d'obscurité, dans une
mansarde, une telle obscurité
que son père me dit : les bour-
geois de la cité ont oublié qu'il
existe. Il ne me dit point un
seul mot quand il me vit entrer.
Il profitait de cette nuit pro-
fonde pour découvrir, à l'extré-
mité de l'abîme, une étoile sans
nom.

Le poète est celui qui se pen-
chant vers l'enfant qui s'agite
sur sa couche, fixe, d'un regard
charitable, la mère angoissée.
Et il fait ruisseler sur le
malade cette fraîche vertu des
eaux, qu'il a découverte, ou il
lui donne d'une écorce salu-
taire recueillie dans la forêt
tropicale où Dieu sourit parmi
les lianes flamboyantes. Et la
température tombe doucement
au crépuscule.

Le poète est celui qui va sur
la mer. Il saute dans l'esquif
que le long flot balance. Et le
brouillard recouvre le port où
sa femme et ses enfants l'atten-
dent sans jamais le voir reve-
nir. Mais il fallait qu'il partît,
qu'il fût partagé comme entre
deux montagnes par ces deux
sentiments contraires et subli-
mes : la tendresse de l'obscur
foyer et l'âpre recherche de
cette nourriture que prennent

les filets sur la plaine liquide
et sans froment.

Le poète est celui qui va
dans la forêt. Tantôt, comme
dans la chanson du vieux
marin, il y rencontre l'ermite
et la noce joyeuse et il se
réjouit des flûtes, des oiseaux,
du bond pourpré des écureuils,
des tapis de fleurs et de mousse
et des détails inépuisables comme la science des nids. Et tantôt
le bois n'est qu'une croix nue.

Le poëte est celui qui, dans
sa main, prend un grain de blé
pareil à un gravier commun.
Et il y voit la forme réduite du
pain que l'enfant de l'ouvrier
rapporte sous son bras, et la
moisson avec les bluets, les
coquelicots et les cris d'insec-
tes, et l'église, et le prêtre qui
monte à l'autel, et le voyageur
mystérieux qui, dans le soir
d'Emmaüs, mêle la lueur de
son front à la lueur de l'Hostie.

Le poète c'est l'homme à qui
Dieu restitue la splendeur.

Et, d'abord, je vois Noë
chantant sous l'arc-en-ciel défi-
nitif le cantique du pacte de la
délivrance. Et puis il se promène dans sa vigne bien soi-
gnée. Et chaque grain mûr de
sa treille lui apparaît comme
un œil transparent, tout plein
de soleil blond ou brun fixé sur
le Seigneur.

Et ensuite je vois Abraham

sous les chênes de Membré.
Sa tente est une meule d'or
toute crépitante d'épis et, dans
la splendeur accablante, ne
sachant pas que faire pour son
Dieu qui lui apparaît et qu'il
adore, il lui donne du pain à
manger.

Puis, exaltant, si je peux
dire, la gloire de la moisson
caniculaire, s'y plongeant avec
majesté, le vieux Booz voit
Ruth surgir à l'horizon des

orges. Et il laisse la glaneuse
goûter à l'eau vinaigrée des fau-
cheurs. Et désormais les obs-
curs tâcherons, trempant leur
pain dans ce pauvre breuvage,
y pourront goûter la saveur
divine que la Moabite y a
laissée, parce que l'amour du
patriarche s'accumulait dans le
ciel pour elle et s'avançait
comme un doux orage qui
gronde.

Bénis soyez-vous, hommes

qui dans vos cœurs ensemencés par une inspiration divine, fertilisés par elle, découvrez les terres promises et leur faune et leur flore et leurs pierres, et les pénétrez de ces mêmes rayons qui rendent la montagne transparente et font vibrer des aigrettes sur le front de Moïse !

Eh quoi ? vont me dire quelques-uns, n'allez-vous point bientôt assimiler aux saints et aux grâces qu'ils reçoivent ces hommes, plutôt méprisables, qui, les cheveux couronnés de narcisses, la flûte aux lèvres, se plaisent à instruire les sansonnets ?..... Ces hommes encore à qui les siècles prêtent tant de folies, comme d'immoler un bouc sous des roses ?

Assimiler aux saints les poètes en général, Dieu m'en garde ! Et quelque admiration que je professe pour Verlaine, je ne me hasarderai pas à le mettre en face de Saint-Jean de la Croix.

Et pourtant ! Verlaine a écrit *Sagesse*, que François d'Assise eût signé. Et je demeure confondu devant cet abîme de pureté, dont les parois portent des lys et se voilent de nuages d'encens, lorsque je sais qu'en même temps il écrivait ce livre, *Parallèlement,* où les vices les plus rares et les chairs les plus

lourdes se donnent rendez-
vous.

Que conclure avec logique,
sinon, avec un poète de nos
jours, que le monde est entraîné
dans une danse que conduisent
et rythment sur leurs violes
les deux races d'anges : les
bons et les mauvais ?

Et, ne puis-je situer dans
cette sorte de pénombre musi-
cale et spirituelle, où le mal et le
bien se combattent, où l'homme

tantôt entend les accords séra-
phiques, tantôt enregistre les
voix spécieuses des démons,
des poètes tels que Verlaine,
Rimbaud, Charles Baudelaire
et tant d'autres ?

Ils vivent leur poésie, à la
manière, hélas ! dont trop souvent, le chrétien même conduit
son existence : Il s'approche du
marécage à midi quand le nénu-
phar blanc semble l'inviter le
plus à le cueillir. Il ne fait, tout

d'abord, que d'admirer cette neige, mais, bientôt hélas ! il la souille en y portant la main. Et il pleure, repentant de voir cete fleur, naguère immaculée, ternie maintenant, livrée aux mains des démons dont toute la joie réside dans le salissement de ce qui est vierge et dans la rupture de l'harmonie.....

Mais, sans doute, ceux-ci ont-ils trop compté sur la faiblesse du poète disgracié. Peu

de vrais poètes, aucun vrai
poète ne pèche contre l'esprit.
Et c'est alors que, au souffle
mélodique et pur des bons
anges, dans un sursaut inat-
tendu, le poète se ranimant, se
vivifiant, arrache aux mains des
maudits la fleur, et se plonge
avec elle dans la source can-
dide où la Vierge lave et
absout.

Un jour cette difficile ques-
tion me fut posée :

— Quelle place occupe donc le poète dans les états contemplatifs.

Je réponds simplement :

— Le poète occupe, dans la mystique, selon le bien qu'il fait aux âmes, la place d'un mortel quelconque, — mais, en fait, il a ce privilège d'entendre, mieux qu'un mortel ordinaire, les voix qui nous découvrent le Ciel.

C'est, il me semble, Saint-

Bernard qui dit que les person-
nes qui jouissent de suréminen-
tes grâces, par l'extase ou le
mariage spirituel, ne pouvant
— de là qu'elles sont redescen-
dues de ces états — nous en
faire part, acquièrent, du moins,
cette faculté de nous les com-
muniquer en quelque mesure
dans un langage ravissant, ima-
gé, que les anges leur inspirent.
Cette opinion de Saint-Ber-
nard me paraît tout à fait juste.

Et je ne peux me refuser, lorsque je lis le *Cantique Spirituel*, à
penser que les anges ont passé
par là :

De fleurs et d'émeraudes
Choisies pendant les fraîches mati-
                              [nées
Nous tresserons des guirlandes,
Que votre amour a fait fleurir,
Et que lie un seul de mes cheveux.
        Ce seul cheveu
Que vous avez considéré volant sur
                          [mon cou,

Que vous avez regardé sur mon cou,
Vous a retenu prisonnier ;
Et un seul de mes yeux vous a blessé.

(Cantique sp. St. XXX et XXXI).

Comment ne pas trouver en de telles expressions la marque *d'une espèce* qui s'exprime à l'aide de tout ce qu'il y a de plus beau sur la terre pour nous suggérer quelque idée du Ciel et qui inspire, dans ce but, les plus sensibles des lyres : les

lyres des poètes mystiques ?
Les feuilles et les fleurs, les
prairies brillantes, toute la
symbolique des pierres pré-
cieuses, les plus doux animaux,
viennent au secours de l'âme
désireuse de se faire entendre.

Est-ce à dire que tout mystique soit un poète ?

Je me garderais de l'insinuer
au sens naturiste du mot,
encore que la grande Thérèse,
dans le désert sans images où

elle étend ses ailes d'aigle, puisse prétendre à ce titre dans le *sens le plus élevé*. Mais : ni un Saint-Thomas d'Aquin, ni un Vincent de Paul, ni une Sainte-Thérèse, n'entrent dans les vues de mon sujet, quelle que soit la sublimité de leurs rôles.

Je conclus donc à ce qu'un mystique religieux, un vrai mystique, n'est pas nécessairement un poète.

Mais la réciproque n'est
point exacte, et j'affirmerai
hardiment que, dans tout vrai
poète, dans tout poète expri-
mant une pensée et un sentiments purs, il y a un mystique.

Et même s'il n'est mystique,
et donc pur, que dans une
partie de son œuvre, que conclure sinon que cette partie
demeure acquise à la contem-
plation, dût-on procéder par
ailleurs à ce départagement du

bon et du mauvais esprit qu'impose parfois l'examen du saint le plus authentique ?

Quelle part faut-il faire à l'imagination dans l'œuvre, édifiante pourtant, d'une Catherine Emmerich — à l'inspiration démoniaque dans la vie d'une Marie de Jésus crucifié ?

Ici toute latitude est laissée, tout jugement, à l'autorité de l'Eglise.

Mais avec le poète nous en

venons à des régions plus modérées qui n'engagent point à de ces solutions capitales. C'est pourquoi nous apprécions ses œuvres selon leur valeur relative, sans nous prononcer en dernier ressort, sachant qu'une légère différence, en plus ou en moins, ne tire pas toujours à grave conséquence.

Il est utile cependant que, dans ce modeste domaine de

la poésie toute simple, une classification s'impose :

Du poète que l'esprit du mal domine ;

Du poète qui, dans son expression, encore qu'il ne tende pas directement à la louange de Dieu, glorifie, du moins, son œuvre, sa création ;

Du poète qui, soit dans une description de nature, soit dans l'exposition d'un sentiment, de l'amour par exemple, s'élève

peu à peu à ce frisson sacré où nous sentons par instants, si je peux dire, le tremblement de Dieu, le vent d'une aile d'ange.

Des poètes uniquement voués au mal — ils ne sont point poètes en vérité — je ne nommerai aucun. A quoi bon ? Ils appartiennent bien à la mystique, mais dans un tout autre sens que celui que nous prêtons ici à cette science. Ils ressortissent à la démonologie, à l'im-

prégnation, à l'obsession, à la possession diaboliques.

Parmi les poètes descriptifs, il faut comprendre la plus grande partie de ceux de l'antiquité, notre pléïade, bon nombre de romantiques. Certes un Théocrite, un Virgile, un Ronsard, un Musset n'entrent point toujours facilement dans notre cadre, mais parfois à la surface même de leur paganisme, un sentiment mystique

se dégage, épure l'inspiration.
Le départagement est souvent
difficile.

Les derniers, mais les plus
hauts dans notre essai de mystique, sont de la race d'un Dante,
d'un Cervantes, d'un Lamar-
tine, du Verlaine de *Sagesse,*
de Claudel. Tous n'atteignent
point ces maîtres. Mais beau-
coup leur sont supérieurs dont
les feuillets sont épars et
souvent dispersés. Les plus

beaux chefs-d'œuvre n'ont pas
été sans doute formulés par
ceux que la gloire couronne du
vert laurier. Avez-vous parfois
songé à la crypte où dorment
les plus grands poèmes que
Dieu seul a connus ?

Là se rejoignent les anges et
les hommes de l'ombre. A l'un
de ceux-ci, à Conventry Pat-
more j'emprunterai cette courte
page qui montrera le lien
ineffable par quoi la nuit

épouse l'aurore et la Terre le Ciel :

« *Mon petit garçon dont les yeux ont un regard pensif et qui dans ses mouvements et ses paroles a les manières tranquilles d'une grande personne, ayant désobéi pour la septième fois à ma loi, je le battis et le renvoyai durement sans l'embrasser, sa mère qui était patiente étant morte. Puis craignant que son*

chagrin ne l'empêchât de dormir,
j'allai le voir dans son lit, où je
le trouvai profondément assoupi
avec les paupières battues et les
cils encore humides de son dernier sanglot. Et je l'embrassai,
à la place de ses larmes laissant
les miennes. Car, sur une table
tirée près de sa tête, il avait rangé
à portée de sa main une boîte de
jetons et un galet à veines rouges,
un morceau de verre arrondi trouvé
sur la plage, une bouteille avec

des campanules et deux sous fran-
çais, disposés bien soigneusement,
pour consoler son triste cœur !
Et cette nuit-là, quand je fis à
Dieu ma prière, je pleurai et je
lui dis : « Ah, quand à la fin nous
serons là couchés et le souffle
suspendu, ne vous causant plus de
fâcherie dans la mort, et que vous
vous souviendrez de quels joujoux
nous avons fait nos joies, et com-
bien faiblement nous avons prié
votre grand commandement de

bonté, alors non moins paternelle-
ment que moi que vous avez formé
de votre limon, vous laisserez votre
colère et vous direz : « J'ai pitié
de ces pauvres enfants ! »

Deux autres mystères, ayant
trait à l'inspiration poétique,
mystères que je me borne à
indiquer à peine, mais qui, si
j'étais passé maître en ces sor-
tes de recherches psychologi-
ques, ne m'eussent pas demandé

moins de trois gros volumes, sont la situation des lieux et l'invention des personnages. Je ne saurais m'étendre autant. Je donnerai simplement comme un schéma de mes expériences personnelles. Si brièvement que je les expose, peut-être pourront-elles servir d'éléments, de matériaux, à ceux qu'intéresse ce genre d'études.

Pour conserver le parallélisme que je me suis promis

d'observer dans la mesure du possible, toutes proportions gardées, entre l'état mystique et l'état poétique, j'en appellerai tout d'abord au cas d'Anne Catherine Emmerich. On sait que cette édifiante jeune fille, tant dénigrée par les uns, tant exaltée par les autres, présente très probablement un cas dont l'analyse est telle :

1° L'inspiration mystique, probable ou certaine — par

quoi, en retraçant la vie de Notre-Seigneur, elle nous dépeint sans les avoir jamais vus de ses yeux de chair, des bourgades, des campagnes, dont il semble que la reconstitution cadre exactement avec la réalité que remit à jour l'archéologie. Elle s'exprime durant une extase assez difficile à définir.

2° Une part d'imagination, desservie par une nature incomparablement artiste : Sainte-

Madeleine erre autour du Saint-Sépulcre. Tel geste qu'elle fait rejette en arrière ou en avant sa chevelure sur ses yeux baignés de larmes, et il est si naturel qu'il nous choque presque en nous éblouissant.

Je ne dirai point que l'inspiration poétique suive le même processus. Mais, si elle est moins sacrée, elle est plus sûre. Elle ne compromet rien.

Je me promène, au déclin du

jour, en un tiède printemps,
dans l'un des riches quartiers,
dorés et calmes, qui se meurent
sur une plage célèbre. Ma solitude est complète. Ce n'est
point, ce n'était pas du moins
encore, l'époque où le tourisme
envahit ce beau lieu. Je prends
par une sorte de petit chemin.
J'aperçois, à travers les feuilles naissantes, une luxueuse
villa. Elle est, si je peux dire,
ensevelie dans le mystère si

profond et si doux que revê-
tent les domaines dont nous
ignorons complètement les
hôtes. Et, d'ailleurs, cette villa
n'est-elle point déserte ? Il se
pourrait que tous les volets en
soient clos, si j'en juge par les
deux dont les ailes sont rabat-
tues à cet angle que font luire
les lauriers d'Espagne.

Et d'abord, de tout ce mystère et de tout ce charme
clandestin, que semble avoir

répandu là quelque fée de la
Belle au bois dormant, cette
irrésistible berceuse, naît et
s'élève et pleure en moi :

*Si un beau jour — dans la forêt
— tu recontrais — dans la forêt —
où fait son nid — le vieux pivert —
une maison — avec de clairs —
contrevents verts — dis-toi que dans
— cette maison — fleurit la paix.*
*Si un beau jour — dans le jardin
— ô fil vermeil ! — dans le jardin
— où les pavots — sont fatigués*

Ce n'est point sur ce motif
que doit s'arrêter l'élan donné.
La graine, enlevée par je ne
sais quel souffle aux cimes des
arbres séculaires, va germer.
Le poète s'est éloigné de la
maison, mais la maison en lui
demeure, s'étage, se développe
dans une astmosphère supé-

rieure à celle des mille et une
nuits. Une jeune fille l'habite,
qui se précise : une jeune fille
blonde : une jeune fille assez
grande : une jeune fille forte et
belle, et pareille au génie de
Rubens — et de charme tout
anglais cependant. Et, néan-
moins, elle est d'Espagne. Il
me semble qu'elle soit l'héroï-
que statue de la victoire dans
l'équilibre de la santé ! Et pourtant elle est atteinte de troubles

psychiques. Quels troubles ?
Les médecins l'ignorent. Mais
le poète en découvre la puis-
sante nature : ce mal singulier
n'est que l'épanouissement
joyeux d'une âme incomprise
dans la joie solaire de la villa
merveilleuse qu'est la vie.

Désormais l'héroïne vivra
dans l'âme du poète. Et, quand
il atteindra ce sommet de la vie
dont a parlé le plus grand des
lyriques coloniaux :

« *Debout sur la colline aveuglé-ment gravie !* » la vision de tout un monde situé dans le tréfonds de l'âme se clarifiera, se spirituali-sera, s'étendra devant lui qui est maintenant près d'entre-prendre le voyage éternel.

Achevé d'imprimer le 20 Mars 1922, par
« LA LABORIEUSE » - NIMES.
Les épreuves d'eau-forte ont été tirées
sur les presses de VERNANT, à
PARIS. Il a été tiré 15 exemplaires sur
Chine numérotés de 1 à 15, avec 2 états
des eaux-fortes ; 125 exemplaires sur
Japon numérotés de 16 à 140, avec 2
états des eaux-fortes ; 860 exemplaires
sur Hollande numérotés de 141 à 1000 ;
et 40 exemplaires hors-commerce numérotés à la main de I à XL. : : : : : :

Exemplaire N°